60 Recetas de Aperitivos Proteicos para Levantadores de Pesas:

Acelere el crecimiento muscular sin pastillas, suplementos de Creatina o esteroides anabólicos.

Por

Joseph Correa

Nutricionista Deportivo Certificado

COPYRIGHT

© 2016 Finibi Inc

Todos los derechos reservados.

La reproducción o traducción de cualquier parte de este trabajo más allá de lo permitido por el artículo 107 o 108 de la Ley de Derechos de Autor de Estados Unidos de 1976 , sin el permiso del propietario del copyright es ilegal.

Esta publicación está diseñada para proporcionar información precisa y fidedigna en lo que respecta a la materia cubierta. Se vende con el entendimiento de que ni el autor ni la editorial se dedican a la prestación de asistencia médica. Si se necesita consejo médico o ayuda debe consultar con un médico. Este libro es considerado como una guía y no se debe utilizar de ninguna manera perjudicial para su salud. Consulte con un médico antes de comenzar este plan nutricional para asegurarse de que sea adecuado para usted.

AGRADECIMIENTOS

La realización y el éxito de este libro no podrían haber sido posible sin mi familia.

60 Recetas de Aperitivos Proteicos para Levantadores de Pesas:

Acelere el crecimiento muscular sin pastillas, suplementos de Creatina o esteroides anabólicos.

Por

Joseph Correa

Nutricionista Deportivo Certificado

60 Recetas de Aperitivos Proteicos para Levantadores de Pesas

CONTENIDO

Copyright

Agradecimientos

Acerca del autor

Introducción

60 Recetas de Aperitivos Proteicos para Levantadores de Pesas: Acelere el crecimiento muscular sin pastillas, suplementos de Creatina o esteroides anabólicos

Otros grandes títulos por este autor.

ACERCA DEL AUTOR

Como nutricionista deportivo certificado y atleta profesional, creo firmemente que una nutrición adecuada le ayudará a alcanzar sus metas más rápido y eficazmente. Mi conocimiento y experiencia me han ayudado a vivir saludablemente a través de los años en los cuales he compartido con familiares y amigos. Cuanto más sepa acerca de comer y beber saludablemente, más pronto aspirará cambiar su vida y sus hábitos alimentarios.

Tener éxito en el control de su peso es importante, ya que mejorará todos los aspectos de su vida.

La nutrición es una parte fundamental en el proceso de mantenerse en mejor forma y este libro trata acerca de eso. .

INTRODUCCIÓN

Este libro le ayudará a aumentar la cantidad de proteína que consume por día para ayudar a aumentar la masa muscular. Estas comidas le ayudarán a aumentar la masa muscular de una manera organizada mediante la adición de grandes y saludables porciones de proteínas a su dieta. Estar demasiado ocupado para comer bien en ocasiones puede llegar a ser un problema y es por eso que este libro le ahorrará tiempo y le ayudará a nutrir su cuerpo para lograr las metas que deseas. Asegúrese de saber lo que está comiendo preparándolo usted mismo o al tener a alguien que lo prepare para usted.

Este libro le ayudará a:

-Ganar músculo rápida y naturalmente.

-Mejorar la recuperación muscular.

-Comer deliciosos snacks de proteínas.

-Tener más energía.

-Acelerar su metabolismo naturalmente para crear más músculo.

-Mejorar tu sistema digestivo

Joseph Correa es un nutricionista deportivo certificado y un atleta profesional.

60 RECETAS DE APERITIVOS PROTEICOS PARA LEVANTADORES DE PESAS:

1. Delicia de Pie de Yogurt

Tiempo de preparación: 20 minutos
Tiempo de horneado: 30 minutos
Porciones: 15

1. Ingredientes

- **Masa**

500g queso cottage
6 cucharadas de avena (90g)
4 huevos
2 cucharadas de edulcorante (miel/azúcar moreno) (30g)
35g levadura
1 cucharada de harina (15g)
200g Yogurt griego
1 cucharada de esencia de vainilla/limón (dependiendo del gusto)

- **Relleno**

3 huevos
2 cucharadas de harina (30g)
400g yogurt
2 cucharadas de edulcorante (miel/azúcar moreno) (30g)
100g pasas

2. Preparación:

En un bol mezclar el queso cottage con la yema de los huevos, la avena, el edulcorante (miel / azúcar moreno), la harina, la levadura, la esencia y el yogurt. Mezclar hasta que la adquiera una textura suave.

Para el relleno mezclar la clara de los huevos hasta el punto de nieve. Poco a poco se añade la yema, edulcorante (miel/ azúcar moreno), la harina, el yogurt y las pasas.

Preparar el horno a 160 grados (nivel bajo-medio).

Colocar una bandeja para hornear y vierta la mitad de la masa en ella. Póngalo en el horno durante unos 10 minutos. Cuando el color de la masa comience a cambiar, retire la bandeja del horno, añada el relleno y devuélvalo al horno durante 10 minutos. Finalmente retire una última vez la bandeja del horno, añada el resto de la masa y cocine por otros 10 minutos.

3. Datos Nutricionales (cantidad por 100g):

Contiene Vitaminas A, D, C, B-12, B-6, hierro, calcio y magnesio.
Calorías: 129
    Calorías derivadas de la grasa: 32
Grasa total: 3.6g
    Grasa saturada: 1.5g
Colesterol: 81mg
Sodio: 189mg
Potasio: 246mg
Carbohidratos Totales: 17.2g

Azúcar: 6.7g
Proteínas: 11.5g

2. Ponche de Malvavisco de Proteínas

Tiempo de preparación: 10 minutos
Tiempo de Horneado: 15 minutos
Porciones: 5

1. *Ingredientes:*

3 Claras de huevos
6 cucharadas de edulcorante (miel/azúcar morena) (90g)
50g whey protein
Esencia de vainilla/limón/naranja

2. *Preparación*

Preparar el horno a 180 grados Celsius.

Mezclar las claras de huevos hasta que formen una espuma leve, agregar el edulcorante (miel/azúcar moreno), whey protein, la esencia y continuar mezclando hasta obtener una consistencia dura.
Añadir la mezcla en la bandeja de hornear con una manga decoradora de tortas y cocinar por 15 minutes.

3. *Datos Nutricionales (cantidad por 50g):*

Contiene Vitamina B-12, hierro y magnesio.
Calorías: 48
    Calorías derivadas de la grasa: 6
Grasa total: 0.6g
Colesterol: 21mg
Sodio: 38mg

Potasio: 89mg
Carbohidratos Totales: 22.5g
Proteínas: 9.3g

3. Waffles Negros con Calabaza

Tiempo de preparación: 10 minutos
Tiempo de horneado: 20 minutos
Porciones: 5

1. *Ingredientes:*

2 huevos

1 cucharadas de harina (15 g)

Edulcorante (miel/azúcar moreno) al gusto

2 cucharadas de avena (30g)

2 cucharadas de cacao (30g)

2 cucharadas de calabaza (30g)

200g puré de calabaza

2. *Preparación:*

En un bol mezcla los huevos con el edulcorante (miel/azúcar moreno. Luego agrega la harina y espera por 10 minutos hasta que la consistencia aumente. Luego agrega el resto de los ingredientes y mezcla todo hasta que compacte.

Engrasa la máquina de hacer waffles y agrega la mezcla con una cuchara.

3. *Datos Nutricionales (cantidad por 30g):*

Contiene Vitaminas A, D, C, B-12, B-6, hierro, calcio y magnesio.

Calorías: 43
    Calorías derivadas de la grasa: 30
Grasa total: 2,2g
    Grasa saturada: 0.7g
Colesterol: 65mg
Sodio: 25mg
Potasio: 87mg
Carbohidratos Totales: 13.3g
Proteínas: 3g

4. Magdalenas de Queso

Tiempo de preparación: 35 minutos
Tiempo de horneado: 40 minutos
Porciones: 18

1. Ingredientes:

4 huevos
500g queso cottage
Edulcorante (miel/azúcar moreno) al gusto
4 cucharadas de avena (60g)
2 cucharadas de harina de gluten (30g)
100g nueces mixtas/semillas de calabaza
2 cucharadas de polvo para hornear (30g)
2 cucharadas de café (30g)

2. Preparación:

Mezclar en un bol el queso cottage con las yemas de los huevos, edulcorante (miel/azúcar Moreno), avena, harina de gluten y las nueces mixtas/semillas de calabaza.

Dejar reposar la mezcla por 20 minutos y luego añadir el polvo para hornear previamente mezclado con las claras de los huevos, y mezclar lentamente.

Preparar el horno a 160 grados Celsius.

Llena el molde de las magdalena aproximadamente unos ¾ pero deja un poco de mezcla y únelo con el café. Esto lo colocaremos en la parte superior de la magdalena.

Coloca las magdalenas en el horno por 35-40 minutos.

3. Datos Nutricionales (cantidad por 50g):

Contiene Vitaminas A, hierro, calcio.
Calorías: 86
Calorías derivadas de la grasa: 43
Grasas Totales: 4.7g
Grasas Saturadas: 1.2g
Colesterol: 39mg
Sodio: 146mg
Potasio: 244mg
Carbohidratos Totales: 6.8g
Proteínas: 7.3g

5. Magdalenas de Avena

Tiempo de preparación: 10 minutos
Tiempo de horneado: 15 minutos
Porciones: 5

1. Ingredientes:

6 cucharadas de avena (90g)

2 huevos

100g Yogurt Griego

1 cucharada de polvo para hornear (15g)

2 cucharadas de cacao (30g)

3 cucharadas de edulcorante (miel/azúcar morena) (60g)

2. Preparación:

Agrega los huevos en un bol y mézclalos con el yogurt hasta que la mezcla suavice, luego agrega el resto de los ingredientes y mezcla por 5 minutos.

Precalienta el horno a 180 grados Celsius. Dividimos la mezcla en dos partes iguales en la forma de las magdalenas. La dejamos en el horno durante 15 minutos.

3. Datos Nutricionales (cantidad por 50g):

Contiene Vitamina A, calcio, hierro.
Calorías: 59
   Calorías derivadas de la grasa: 21
Grasas Totales: 2.4g

    Grasas Saturadas: 0.9g
Colesterol: 55mg
Sodio: 29mg
Potasio: 359mg
Carbohidratos Totales: 18.2g
    Azúcar: 0.9g
Proteínas: 4.5g

6. Barra de Proteínas Casera

Tiempo de preparación: 10 minutos
Tiempo de horneado: 45 minutos
Porciones: 5

1. Ingredientes:

6-8 cucharadas whey protein (chocolate/vainilla/ banana) (90-120g)
1 taza de avena (240g)
1/3 taza de mantequilla de maní (60g)
3 cucharadas de miel (45g)
½ taza de leche (120g)
3 cucharadas de almendras trituradas (45g)

2. Preparación:

Mezclar en un bol la whey protein con la avena, mantequilla de maní, miel y leche.

Colocar la mezcla en una bandeja cuadrada y estirarla uniformemente. Agregar las almendras en la parte superior.

Colocar en el refrigerador por 45 minutos.

3. Datos Nutricionales (cantidad por 100g):

Contiene calcio, hierro
Calorías: 358

Calorías derivadas de la grasa: 145
Grasas Totales: 16.1g
    Grasas Saturadas: 3.4g
Colesterol: 52mg
Sodio: 135mg
Potasio: 393mg
Carbohidratos Totales: 30.8g
    Azúcar: 14.3g
Proteínas: 26.3g

7. Galletas de Avena

Tiempo de preparación: 10 minutos
Tiempo de horneado: 35 minutos
Porciones: 20

1. Ingredientes:

140g mantequilla (80% grasa)

50g azúcar

70g azúcar moreno

1 cucharada de miel (15g)

1 cucharada de leche (15g)

140g harina

2g bicarbonato de sodio

1 cucharada de polvo para hornear (15g)

100g avena

30g whey protein

1 cucharada chocolate 70% cacao (triturado) (15g)

1 cucharada jengibre/canela/nuez moscada (15g)

2. Preparación:

Precalentar el horno a 160 grados Celsius.

En un bol mezclar la mantequilla con el azúcar blanco y moreno y mezclar por 2-3 minutos. Añadir la miel, leche y mezclar. Agregar el chocolate.

La harina se debe mezclar con el polvo para hornear, whey protein, bicarbonato de sodio y luego se añade a la mantequilla.

Agregar el jengibre/canela/nuez moscada y mezclar lentamente.

Obtendrá una masa y sobre ésta agregue la avena y mezcle hasta incorporarla.

Haz pequeñas bolas con tus manos (más pequeñas que una pelota de ping-pong) y colócalas cobre la bandeja (colocando antes una hoja de hornear en ella).

Deja hornear las galletas por 25-30 minutos a 160 grados Celsius.

3. Datos Nutricionales (cantidad por 50g):

Contiene Vitamina A, calcio, hierro.
Calorías: 232
    Calorías derivadas de la grasa: 101
Grasas Totales: 11.2g
    Grasas Saturadas: 6.8g
Colesterol: 33mg
Sodio: 83mg
Potasio: 213mg
Carbohidratos Totales: 29.3g
    Azúcar: 12.6g
Proteínas: 4.7g

8. Galletas de Albaricoques Secos u Orejones

Tiempo de preparación: 10 minutos
Tiempo de horneado: 15 minutos
Porciones: 40

1. Ingredientes:

120g mantequilla
200g azúcar moreno
1 cucharada polvo para hornear (15g)
½ cucharada canela (7g)
1 huevo
1 cucharadita de esencia de vainilla (5g)
2 cucharadas de miel (30 g)
135g harina de trigo integral
90g avena
60g albaricoque seco (triturado)
90g whey protein

2. Preparación:

Mezclar en un bol la mantequilla con los 150g de azúcar moreno hasta obtener un aspecto cremoso.

Añadir la esencia de vainilla, huevo y miel. Mezclar por 2-3 minutos y luego añadir los dos tipos de harina, polvo de hornear, whey protein y albaricoque seco.

Mezclar hasta obtener una consistencia suave.

Colocar la masa en un bol nuevo, cubrir con papel para alimentos y dejar en el refrigerador por al menos 1 hora, también se puede dejar toda la noche.

Luego de pasado el tiempo formar pequeñas bolas del tamaño de una nuez. Las bolas resultantes las pasamos por los 50g restantes de azúcar moreno.

Cubrimos dos bandejas de hornear y añadimos las bolas en ellas con 5 o 6 cm de distancia entre ellas.

Colocamos las bandejas en el horno precalentado a 180 grados Celsius.

3. Datos Nutricionales (cantidad por 20g):

Contiene Vitamina A, C, calcio, hierro.
Calorías: 76
Calorías derivadas de la grasa: 26
Grasas Totales: 2.9g
Grasas Saturadas: 1.7g
Colesterol: 15mg
Sodio: 25mg
Potasio: 77mg
Carbohidratos Totales: 10.6g
Azúcar: 6g
Proteínas: 2.5g

9. Galletas de Almendra

Tiempo de preparación: 1:30 horas
Tiempo de horneado: 30 minutos

1. Ingredientes:

180g almendras

250g harina de trigo integral

125g mantequilla

200g azúcar moreno

3 huevos

2 cucharadas de polvo para hornear (30g)

3-4 gotas de extracto de almendra

2. Preparación:

Añadir las almendras en el horno precalentado a 180 grados Celsius por 5 minutos.

Remover del horno y dejar que enfríen por 5 minutos, antes de colocarlas en el procesador de alimentos debes frotarlas entre las palmas de tus manos y verás que la piel se desprenderá.

Luego de mezclar las almendras en el procesador de alimentos añades el azúcar moreno, harina, polvo de hornear y mezcla por un par de minutos.

Cuando la mezcla se haya compactado añades los huevos y la esencia de almendra.

El resultado será una masa pegajosa. Debes separarla por la mitad y envolver las dos partes en papel para alimentos con una forma cilíndrica de 4cm de diámetro. Estos cilindros debemos mantenerlo en el refrigerador por 1 hora.

Luego de pasada 1 hora calentamos el horno a 175 grados Celsius.

Removemos un cilindro a la vez del refrigerador. Quitamos el papel y cortamos piezas de 7-8mm de espesor. Las colocamos en la bandeja y las cubrimos con papel para hornear.

Mantenlas en el horno por 15 minutos, luego voltéalas y déjalas por otros 15 minutos en el horno.

Repite el proceso con el segundo cilindro.

3. *Datos Nutricionales (cantidad por 100g):*

Contiene Vitamina A, calcio, hierro.
Calorías: 425
   Calorías derivadas de la grasa: 207
Grasas Totales: 23g
   Grasas Saturadas: 8.4g
Colesterol: 84mg
Sodio: 111mg

Potasio: 565mg
Carbohidratos Totales: 49g
   Azúcar: 22.6g
Proteínas: 9.1g

10. Trufas de Aguacate

Tiempo de preparación: 30 minutos.

1. Ingredientes:
200g chocolate (70% cacao)
3-4 cucharadas de cacao en polvo (45-60g)
50g almendra (triturada)
½ taza de aguacate (triturado) (120g)
½ cucharada de vainilla (7g)
5g sal

2. Preparación:

Derretir el chocolate a baño Maria. Añadir el extracto de vainilla y la sal hasta que el chocolate suavice.

Mezclar el aguacate triturado con el chocolate derretido hasta obtener una consistencia espesa.

Coloca la mezcla en el refrigerador por 20 minutos.

Usa una cuchara para retirar la mezcla del bol y darle una forma de bola. Pasa la bola por el polvo de cacao o almendra. Almacénala en el refrigerador y sirve luego a temperatura ambiente.

3. Datos Nutricionales (cantidad por 50g):

Contiene Vitamina A, C, calcio, hierro.

Calorías: 223
    Calorías derivadas de la grasa: 129
Grasas Totales: 14.4g
    Grasas Saturadas: 6.8g
Colesterol: 7mg
Sodio: 299mg
Potasio: 269mg
Carbohidratos Totales: 20.8g
    Azúcar: 15.2g
Proteínas: 4.3g

11. Galletas de Almendras y Naranja

Tiempo de preparación: 20 minutos
Tiempo de horneado: 40 minutos

1. Ingredientes:

100g almendras

50g mantequilla

115g azúcar moreno

1 huevo

15ml jugo de naranja

Corteza de 1 naranja pequeña

175g avena

1 cucharada de polvo de hornear (10g)

40g polenta

2. Preparación:

Precalentar el horno a 170 grados Celsius. En una bandeja de hornear coloca las almendras y hornéalas por 10-15 minutos (hasta que doren). Enfríalas por 5 minutos y luego córtalas en piezas pequeñas.

Mezcla la mantequilla con el azúcar.

En un bol mezclar el huevo con el jugo y la corteza de naranja. Mézclalos con la mantequilla.

Agrega la avena, polvo de hornear, leche y polenta y mezcla hasta que la masa tenga una consistencia suave.

Coloca la masa en una bandeja de hornear y rocíala con las almendras picadas. Cocínalas por 30 minutos.
Corta las galletas y colócalas por otros 10 minutos en el horno hasta que estén crujientes.

3. ***Datos Nutricionales (cantidad por 50g):***
   Contiene Vitamina A, calcio, hierro.
Calorías: 206
   Calorías derivadas de la grasa: 87
Grasas Totales: 9.7g
   Grasas Saturadas: 3g
Colesterol: 25mg
Sodio: 37mg
Potasio: 282mg
Carbohidratos Totales: 26.6g
   Azúcar: 10.8g
Proteínas: 4.8g

12. Magdalenas de Banana

Tiempo de preparación: 10 minutos
Tiempo de horneado: 15 minutos
Porciones: 16

1. Ingredientes:
2 bananas
500g queso cottage
2 huevos

2. Preparación:

Mezcla todos los ingredientes en un bol hasta obtener una consistencia suave. Vierte la mezcla en el molde de las magdalenas y colócalas en el horno precalentado a 190 grados Celsius por 15 minutos (hasta que se tornen de color marrón claro).

3. Datos Nutricionales (cantidad por 50g):
   Contiene Vitamina A, C, calcio, hierro.
Calorías: 49
   Calorías derivadas de la grasa: 11
Grasas Totales: 1.2g
   Grasas Saturadas: 0.6g
Colesterol: 23mg
Sodio: 135mg
Potasio: 90mg
Carbohidratos Totales: 4.5g

Azúcar: 1.9g
Proteínas: 5.1g

13. Pudin de Mantequilla de Maní y Banana

Tiempo de Preparación: 10 minutes
Tiempo de espera: 4 horas
Porciones: 3

1. Ingredientes:

500ml leche
15g almidón de maíz
50g edulcorante (miel/azúcar moreno)
10g mantequilla de maní
2 cucharadas de jugo de limón (30g)
250g banana
50g whey protein
3 hojas de gelatina

2. Preparación:

Remojar las hojas de gelatina en agua fría.

Colocar agua a hervir en una olla. En otro bol mezcla la leche, almidón de maíz, whey protein, edulcorante (miel/azúcar moreno) y la mantequilla de maní.

Agrega el contenido del bol en el agua hirviendo y mezcla hasta obtener una crema. El bol no debe tocar la superficie del agua.

Retira el bol del sartén y agrega las hojas de gelatina y mezcla durante 1 minuto. Coloca una hoja de alimentos justamente encima de la mezcla y deja que se enfríe.

Rebana las bananas y vacíales el jugo de limón.

Distribuye (cerca de 3 cucharadas) de la mezcla en 3 vasos y añade las bananas encima de ésta (75g en cada vaso). Luego divide el resto de la mezcla en 3 vasos y añade maní sobre ellos.

Coloca los vasos en el refrigerador y déjalo enfriar al menos 4 horas.

3. *Datos Nutricionales (cantidad por 100g):*
Contiene Vitamina C, calcio, hierro.
Calorías: 90
   Calorías derivadas de la grasa: 20
Grasas Totales: 2.2g
   Grasas Saturadas: 1.1g
Colesterol: 16mg
Sodio: 44mg
Potasio: 175mg
Carbohidratos Totales: 18.2g
   Azúcar: 6.3g
Proteínas: 6.8g

14. Panquecas de Banana y Albaricoque seco.

Tiempo de preparación: 15 minutos
Tiempo de horneado: 5 minutos
Porciones: 1

1. Ingredientes:

- Panqueca

160g banana
2 huevos
15g edulcorante (miel/azúcar moreno)
50g whey protein

- Yogurt Cremoso

150g Yogurt griego
100g albaricoque seco
10g edulcorante (miel/azúcar moreno)

- Cubierta

20g almendras

2. Preparación:

Separa las claras y yemas de los huevos.

Mezcla las yemas de los huevos con las bananas, whey protein y edulcorante (miel/azúcar moreno), hasta obtener una consistencia cremosa.

Mezclar la clara de los huevos hasta una consistencia espumosa y luego las añadimos a las yemas, mezclando lentamente.

En una bandeja de silicón colocamos la mezcla con forma de panqueca en número de 2-3 y las introducimos al microondas por 5 minutos.

Mezclamos el yogurt griego con el edulcorante (miel/azúcar moreno) y el albaricoque. Los colocamos sobre las panquecas. Colocamos algunas nueces o sirope encima.

3. Datos Nutricionales (cantidad por 100g):
   Contiene Vitamina C, calcio, hierro.
Calorías: 104
   Calorías derivadas de la grasa: 24
Grasas Totales: 2.7g
   Grasas Saturadas: 1.1g
Colesterol: 73mg
Sodio: 44mg
Potasio: 241mg
Carbohidratos Totales: 14.9g
   Azúcar: 6.1g
Proteínas: 10.8g

15. Panquecas de Proteínas

Tiempo de Preparación: 5 minutos
Tiempo de horneado: 10 minutos
Porciones: 1

1. Ingredientes:
45g harina de avena
25g harina de coco
1 cucharada de polvo de hornear (15g)
30g edulcorante (miel/azúcar moreno)
120g queso cottage
4 claras de huevos
1 cucharada de esencia de banana (15g)
½ cucharada de polvo de vainilla (7g)
10 g sirope de caramelo
Pizca de sal

2. Preparación:

Mezcla la harina de avena con la harina de coco, edulcorante (miel/azúcar moreno), sal y polvo de hornear.

Añade el queso cottage, claras de huevos, esencia de banana, polvo de vainilla y mezcla por 2-3 minutos.

Con una cuchara agrega la mezcla en un sartén engrasado con aceite o mantequilla.

Deja que la panqueca se cocine por cada lado por 1-2 minutos.

Usa las bananas, sirope de maple, miel o frutas como cubierta de las panquecas.

3. *Datos Nutricionales (cantidad por 100g):*
   Contiene calcio, hierro.
Calorías: 123
   Calorías derivadas de la grasa: 19
Grasas Totales: 2.1g
   Grasas Saturadas: 1g
Colesterol: 2mg
Sodio: 198mg
Potasio: 501mg
Carbohidratos Totales: 25g
   Azúcar: 1g
Proteínas: 10.1g

16. Cheesecake de Banana a medio hornear

Tiempo de Preparación: 15 minutos
Tiempo de Horneado: 15 minutos
Tiempo de espera: 4 horas
Porciones: 8

1. Ingredientes:

- Masa

100g avena

10g cacao en polvo

3 huevos

1 cucharada de leche (15g)

1 cucharadita de polvo de hornear (15g)

1 cucharada edulcorante (miel/azúcar moreno) (15g)

- Crema

250g queso cottage

400g yogurt griego

300g bananas

2 cucharadas edulcorante (miel/azúcar moreno) (30g)

12 hojas de gelatina

½ cucharadita de polvo de vainilla en polvo (2.5g)

2. Preparación:

Para la masa mezcla todos los ingredientes y coloca la mezcla en una bandeja redonda y cocina en el horno precalentado a 180 grados Celsius por 15 minutos.

Coloca la gelatina en agua fría.

Para la crema añade los ingredientes en un bol y mezcla hasta obtener una crema suave.

Retira el agua de la gelatina y colócala en el microondas por 10-15 minutos.

Agrega la gelatina a la crema y mezcla bien.

Coloca la crema sobre la masa cocinada y luego colócalo en el refrigerador por 4 horas.

3. Datos Nutricionales (cantidad por 100g):
Contiene Vitamina A, C, calcio, hierro.
Calorías: 120
    Calorías derivadas de la grasa: 27
Grasa Total: 3g
    Grasas Saturadas: 1.3g
Colesterol: 44mg
Sodio: 114mg
Potasio: 245mg
Carbohidratos Totales: 18.6g
    Azúcar: 4.7g
Proteínas: 10g

17. Torta de Banana y maní

Tiempo de Preparación: 15 minutos
Tiempo de Horneado: 40-50 minutos

1. Ingredientes:

300g Harina de maní

310g puré de banana

120g puré de manzana

5 huevos

85g mantequilla de maní

80g leche de coco

100g edulcorante (miel/azúcar Moreno)

10g polvo de hornear

2. Preparación:

Mezcla en un bol la harina de almendra con el polvo de hornear y el edulcorante (miel/azúcar moreno). Tritura las bananas, la mantequilla de maní, leche de coco, huevos y mézclalos hasta obtener una consistencia suave.

Agrega las bananas a la harina y mezcla por 2 minutos.

Vierte la mezcla en una bandeja cuadrada y cocina por 40-50 minutos a 180 grados Celsius.

3. Datos Nutricionales (cantidad por 100g):
   Contiene Vitamina A, calcio, hierro.
Calorías: 235

Calorías derivadas de la grasa: 124
Grasa Total: 13.8g
    Grasas Saturadas: 3.5g
Colesterol: 68mg
Sodio: 78mg
Potasio: 511mg
Carbohidratos Totales: 21g
    Azúcar: 11.5g
Proteínas: 12.7g

18. Torta de Manzana y Avena

Tiempo de preparación: 25 minutos
Tiempo de horneado: 45-50 minutos
Porciones: 8

1. Ingredientes:

120g avena
100g harina de arroz integral
50g hojuelas de avena
120g puré de manzana
5 claras de huevo
200g leche
2 cucharadas edulcorante (miel/azúcar moreno) (30g)
1 cucharadita de esencia de vainilla (5g)
10g polvo para hornear
½ cucharadita de canela (2.5g)
240g manzana

2. Preparación:

En un bol añade la avena, harina de arroz y polvo de hornear y mezcla. Agrega el puré de manzana, claras de huevo, leche, edulcorante (miel/azúcar moreno), esencia de vainilla y canela, mezcla por otros 2 minutos.

Coloca la mezcla en una bandeja redonda y agrégale encima las hojuelas de avena. La manzana debe ser cortada de forma de que queden trozos de 2-3mm de espesor y se coloca en la parte superior de la torta.

Cocinar la torta por 45-50 minutos en un horno precalentado a 180 grados Celsius.

3. Datos Nutricionales (cantidad por 100g):
Contiene Vitamina C, calcio, hierro.
Calorías: 139
  Calorías derivadas de la grasa: 17
Grasa Total: 1.9g
  Grasas Saturadas: 0.5g
Colesterol: 2mg
Sodio: 29mg
Potasio: 255mg
Carbohidratos Totales: 27.4g
  Azúcar: 5g
Proteínas: 5.5g

19. Brownies

Tiempo de preparación: 60 minutos
Tiempo de horneado: 10 minutos
Porciones: 6

1. Ingredientes:

120g harina de avena

80g chocolate (derretido)

186g puré de manzana

120g azúcar moreno

3 huevos

5g polvo de hornear

2. Preparación:

Agregar todos los ingredientes en un bol y mezclar por 4-6 minutos.

Esparcir la mezcla en una bandeja y colocar en el horno precalentado a 180 grados Celsius por 50 minutos.

Puedes servirlo frío o tibio, son muy buenos de cualquiera de las formas.

3. Datos Nutricionales (cantidad por 100g):
Contiene Vitamina C, calcio, hierro.
Calorías: 275
Calorías derivadas de la grasa: 68

Grasa Total: 7.5g
    Grasas Saturadas: 3.8g
Colesterol: 85mg
Sodio: 48mg
Potasio: 260mg
Carbohidratos Totales: 45.8g
    Azúcar: 29.7g
Proteínas: 6.6g

20. Mini Cheesecakes

Tiempo de preparación: 15 minutos
Tiempo de horneado: 4 horas
Porciones: 5

1. Ingredientes:
- **Mermelada de Fresa**

150g fresa

30g cucharadas edulcorante (miel/azúcar moreno)

3 hojas de gelatina

- **Crema de Yogurt**

100g yogurt griego

2 hojas de gelatina

30g cucharadas edulcorante (miel/azúcar moreno)

30g fresa

- **Masa**

57g galleta digestiva

2 cucharadas de mermelada de fresa (30g)

2. Preparación:
    A. Mermelada

Coloca las hojas de gelatina en agua.

Coloca todas las fresas (cortada en trozos pequeños) en una olla. Agrega el edulcorante (miel/azúcar moreno) y colócalo en la hornilla. Bate por 2-3 minutos.

Con la ayuda de un mezclador convierte la mezcla en un puré y añade 3 hojas de gelatina y mezcla hasta disolver.

B. Masa

Tritura las galletas (en una licuadora) y añade dos cucharadas de mermelada (la que acabas de terminar de preparar). Mezcla la composición hasta que suavice.

Divide la mezcla en 3 partes iguales (formas cuadradas o redondas) y aplánala muy bien.

C. Crema de Yogurt

Mezcla el yogurt con el edulcorante (miel/azúcar moreno) hasta q se disuelva completamente.

Derrite la gelatina en el microondas, coloca una cucharada de yogurt en ella para bajar la temperatura y sea más fácil de mezclar.

Agrega la fresa picada en pequeños trozos y mezcla todos los ingredientes hasta que la mezcla se torne cremosa.

D. Ensamblado

Coloca la misma cantidad de crema de yogurt en las 3 partes de masa. Coloca la torta en el refrigerador por 40 minutos.

Agrega la mermelada, coloca en el refrigerador hasta que la mermelada endurezca. Debe tomar 3 horas aproximadamente.

3. ***Datos Nutricionales (cantidad por 100g):***
Contiene Vitamina A, C, calcio, hierro.
Calorías: 134
Calorías derivadas de la grasa: 29
Grasa Total: 3.2g
Grasas Saturadas: 0.8g
Colesterol: 4mg
Sodio: 82mg
Potasio: 94mg
Carbohidratos totales: 29.7g
Azúcar: 10.2g
Proteínas: 11.5g

21. Postre de Cacao y Almendras

Tiempo de preparación: 30 minutos
Tiempo de horneado: 30 minutos
Porciones: 8

1. Ingredientes:

- Masa

136g harina

120g harina de arroz negro

40g almidón de maíz

10g polvo de hornear

2 cucharaditas de canela (30g)

260g puré de calabaza

250ml leche de coco

¾ clara de huevo (180g)

100g edulcorante (miel/azúcar moreno)

Pizca de sal

- Crema

250g yogurt griego

200ml leche de coco

25g cacao en polvo

150g harina de almendra

10g edulcorante (miel/azúcar moreno)

2. Preparación:

En un bol agrega el puré de Calabaza, clara de huevo, leche de coco, edulcorante (miel/azúcar moreno), sal, esencia y mezcla por 2-3 minutos.

En un bol más pequeño agrega la harina, harina de arroz, polvo de hornear, almidón y canela hasta que suavice.

Combina el contenido de los boles y mezcla por 3-4 minutos aumentando el poder del mezclador.

La masa se separará en partes iguales y se colocará en dos bandejas. Las bandejas deben ser de igual tamaño. Se hornean por 30 minutos a 180 grados Celsius.

Para la crema mezclar todos los ingredientes hasta obtener una consistencia suave.

Cuando la masa se enfrié empezamos a unirlo. Primero una masa, luego la crema y luego la siguiente masa y el resto de la crema va en el tope y a un lado.

Colocar la torta en el refrigerador por 30 minutos.

3. Datos Nutricionales (cantidad por 100g):
Contiene Vitamina A, C, calcio, hierro
Calorías: 166
    Calorías derivadas de la grasa: 79
Grasa Total: 8.4g
    Grasas Saturadas: 6.2g
Colesterol: 1mg
Sodio: 30mg

Potasio: 215mg
Carbohidratos Totales: 26.6g
   Azúcar: 2.2g
Proteínas: 5.5g

22. Torta de Chocolate y Almendra

Tiempo de preparación: 30 minutos
Tiempo de horneado: 40 minutos
Porciones: 8

1. Ingredientes:
- Masa

6 claras de huevo

150g edulcorante (miel/azúcar moreno)

40g almendra en hojuelas

Pizca de sal

- Crema

100g whey protein (sabor a chocolate)

15g cacao en polvo

20g leche en polvo

150g aguacate

150g queso quark

50g edulcorante (miel/azúcar moreno)

- Decoración

10g hojuelas de almendras

5g chocolate oscuro

2. Preparación:
   A. Masa

Mezclar en un bol las claras de huevo con la sal hasta obtener una mezcla espumosa. Añade gradualmente el edulcorante (miel/azúcar Moreno) y sigue mezclando. Mezcla hasta obtener una consistencia cremosa.

Mezcla la harina de avena con las hojuelas de almendra y añádelas a la mezcla de claras de huevos.

Divide la mezcla en dos bandejas y hornéalas por 35-40 minutos a 180 grados Celsius.

   B. Crema

Mezcla todos los ingredientes en una licuadora hasta que suavicen.

   C. Ensamblaje

Coloca la primera masa y añade 2/3 de crema en ella. Añade la segunda masa y el resto de la crema en ella.

Decora los laterales con las hojuelas de almendras y chocolate rayado.

Deja la torta en el refrigerador por 8 horas o incluso por toda la noche.

3. Datos Nutricionales (cantidad por 100g):
   Contiene Vitamina C, calcio, hierro
Calorías: 184
   Calorías derivadas de la grasa: 88
Grasa Total: 9.7g
   Grasas Saturadas: 2.6g
Colesterol: 28mg

Sodio: 95mg
Potasio: 202mg
Carbohidratos Totales: 36.1g
   Azúcar: 2.8g
Proteínas: 15.5g

23. Postre de Frambuesa

Tiempo de preparación: 3 minutos
Tiempo de espera: 8 horas
Porciones: 1

1. Ingredientes:

40g avena
50g whey protein
40g edulcorante (miel/azúcar moreno)
100g frambuesa
100g queso crema
100ml leche
100ml agua
½ cucharada de esencia de frambuesa (2.5g)

2. Preparación:

Mezclar la avena con la whey protein, edulcorante (miel/azúcar moreno) y frambuesa. Añadir el resto de los ingredientes y mezclar hasta obtener una consistencia suave.

Cubre el bol con papel de alimentos y lleva al refrigerador por 8 horas o durante toda la noche.

3. Datos Nutricionales (cantidad por 100g):

   Contiene Vitamina A, C, calcio, hierro
Calorías: 156

Calorías derivadas de la grasa: 75
Grasa Total: 8.3g
　　Grasas Saturadas: 4.6g
Colesterol: 43mg
Sodio: 96mg
Potasio: 128mg
Carbohidratos Totales: 20.8g
　　Azúcar: 2.9g
Proteínas: 10.4g

24. Mousse de Chocolate

Tiempo de preparación: 20 minutos
Tiempo de espera: 3 horas
Porciones: 4

1. Ingredientes:

4 huevos

250g queso cottage

60g whey protein (chocolate)

10g cacao en polvo

100g edulcorante (miel/azúcar moreno)

10 hojas de gelatina

2 cucharadas de esencia de menta (30g)

1 cucharada de matcha (15g)

2-3 gotas de colorante natural (verde)

Pizca de sal

2. Preparación:

Coloca las hojas de gelatina en agua fría.

Separa las yemas y clara de los huevos en dos boles.

Mezcla las yemas con 50g de edulcorante (miel/azúcar moreno) hasta que dupliquen su volumen. Añade el queso cottage y mezcla hasta que suavice.

Coloca el bol en la parte superior de una olla con agua hirviendo (asegúrate de que el bol resista calor), continúa mezclando. Cuando la crema espesa estará lista, debería llevar por lo menos 5 minutos.

Retira la crema de la olla y añade las hojas de gelatina y mezcla hasta que la gelatina disuelva.

Mezcla las clara de los huevos hasta que la espuma esté suave, luego añade el resto del edulcorante (miel/azúcar moreno) y sal, mezcla hasta que la espuma endurezca.

Añade las clara de los huevos a la crema de la yema.

2/3 de la mezcla serán usados para el mouse de chocolate y 1/3 para el mouse de menta.

En los 2/3 va la whey protein, cacao, mezcla hasta suavizar. Coloca la mitad de la mezcla en una jeringa de pastelería y llena las copas con una capa de mousse de chocolate. Coloca las copas en el congelador por 10 minutos.

Para el mouse de menta añadimos la esencia de menta, matcha y colorante. Colocamos toda la mezcla en otra jeringa de pastelería y añadimos otra capa en cada copa. Colocamos las copas en el congelador durante 5-10 minutos.

Colocamos el resto de mousse de chocolate mousse en las copas. Coloca el mouse en el refrigerador por 3 horas.

3. Datos Nutricionales (cantidad por 100g):

Contiene Vitamina A, calcio, hierro
Calorías: 130
Calorías derivadas de la grasa: 42
Grasa Total: 4.7g
Grasas Saturadas: 1.9g
Colesterol: 133mg
Sodio: 259mg
Potasio: 136mg
Carbohidratos Totales: 23.8g
Azúcar: 1g
Proteínas: 18.3g

25. Pudin de Coco y Quinoa

Tiempo de preparación: 3 minutos
Tiempo de cocción: 30 minutos
Porciones: 4-6

1. Ingredientes:

½ taza de quinoa (120g)

50g whey protein

½ vaina de vainilla (ralladura)

1/5 taza de azúcar (25g)

100ml leche de coco

Pizca de sal

2. Preparación:

En una olla añade la leche de coco, azúcar, whey protein y vainilla.

Cocina hasta que la leche empiece a hervir. Añade la quinoa. Revuelve cada pocos minutos por 30 minutos a fuego lento.

El pudin estará listo cuando la quinoa florezca y la leche se reduzca hasta tener una consistencia de pudin.

3. Datos Nutricionales (cantidad por 50g):

Contiene Vitamina C, calcio, hierro
Calorías: 148
   Calorías derivadas de la grasa: 49

Grasas Totales: 5.4g
    Grasas Saturadas: 3.9g
Colesterol: 17mg
Sodio: 45mg
Potasio: 171mg
Carbohidratos Totales: 17.7g
    Azúcar: 7.5g
Proteínas: 8.3g

26. Quinoa Brownies

Tiempo de preparación: 15 minutos
Tiempo de cocción: 40 minutos
Porciones: 8-16

1. Ingredientes:

2/3 taza de quinoa (150g)

1 1/3 taza de leche (310g)

1/3 taza de leche de almendra (70g)

3 huevos

1 cucharada de extracto de vainilla (5g)

200g mantequilla

1 1/2 azúcar de palma de coco (340g)

1 taza de cacao en polvo (230g)

1 ½ cucharadita de polvo para hornear (8g)

½ cucharadita de bicarbonato de sodio (3g)

½ cucharadita de sal (3g)

2. Preparación:

Precalienta el horno a 180 grados Celsius.

En una licuadora mezcla la leche, huevos y vainilla. Añade la quinoa, mantequilla y mezcla hasta suavizar.

En un bol mezcla el azúcar, cacao, polvo de hornear, bicarbonato de sodio y sal. Añade la crema de quinoa y mezcla.

Coloca toda la mezcla en una bandeja y hornea por 40 minutos.

3. *Datos Nutricionales (cantidad por 100g):*
Contiene Vitamina A, calcio, hierro
Calorías: 289
    Calorías derivadas de la grasa: 219
Grasa Total: 24.4g
    Grasas Saturadas: 15g
Colesterol: 105mg
Sodio: 369mg
Potasio: 464mg
Carbohidratos Totales: 16.2g
    Azúcar: 2.3g
Proteínas: 6.9g

27. Torta de Frambuesa

Tiempo de preparación: 25 minutos
Tiempo de espera: 8 horas
Porciones: 8

1. Ingredientes:
- Masa

100g nueces
150g dátiles secos
50g caquis secos
100g harina de coco
50g edulcorante (miel/azúcar moreno)
60ml leche

- Mermelada de Frambuesa

200g frambuesa
40g edulcorante (miel/azúcar moreno)
5 hojas de gelatina

- Ganache de Chocolate

50g cacao en polvo
60g edulcorante (miel/azúcar moreno)
15g leche en polvo
120ml leche
30g aceite de coco

2. Preparación:
1. Masa

Mezclar las nueces en una licuadora hasta obtener una consistencia de harina. Añade el resto de los ingredientes y mezcla hasta suavizar.

En una bandeja redonda coloca en el fondo papel de alimentos y agrega el resto de la mezcla. Distribuye igualmente en la superficie. Coloca la bandeja en el refrigerador.

2. Mermelada de Frambuesa

Coloca las hojas de gelatina en agua fría.

Mezcla la frambuesa con el edulcorante (miel/azúcar moreno) en una olla a fuego lento, continua mezclando. Tritura la frambuesa y retira la olla del fuego. Añade la gelatina y mezcla hasta disolver.

Espera hasta que la gelatina enfríe y luego agrégala a la masa y coloca la bandeja de nuevo en el refrigerador.

3. Ganache

Mezcla el cacao con el edulcorante (miel/azúcar Moreno) y la leche en polvo. Añade el aceite de coco derretido.

Añade la leche y mezcla por 1-2 minutos. Obtendrás una mezcla cremosa.

Coloca la mezcla en la bandeja y devuélvela al refrigerador por 8 horas.

3. Datos Nutricionales (cantidad por 100g):

Contiene Vitamina A, C, calcio, hierro.
Calorías: 236
   Calorías derivadas de la grasa: 104
Grasa Total: 11.5g
   Grasas Saturadas: 5.2g
Colesterol: 2mg
Sodio: 111mg
Potasio: 359mg
Carbohidratos Totales: 45.8g
   Azúcar: 12.2g
Proteínas: 10.5g

28. Magdalenas de Cereza

Tiempo de preparación: 5 minutos
Tiempo de cocción: 25 minutos
Porciones: 8

1. Ingredientes:

50g harina de almendra

50g harina de coco

50g harina de arroz negro

50g edulcorante (miel/azúcar moreno)

15g almidón de maíz

10g polvo de hornear

250ml leche de coco

3 claras de huevos

100g queso quark

150g cerezas

2. Preparación:

Quita las semillas de las cerezas.

Mezcla las harinas con el almidón de maíz, edulcorante (miel/azúcar moreno) y polvo de hornear.

Añade el resto de los ingredientes excepto las cerezas y mezcla por 2-3 minutos.

Coloca 2 cucharadas en cada molde de magdalena y añade las cerezas (también puedes presionarlos en la mezcla).

Cocínalas por 25minutos en un horno precalentado a 180 grados Celsius.

3. Datos Nutricionales (cantidad por 100g):

Contiene Vitamina A, C, calcio, hierro.
Calorías: 186
    Calorías derivadas de la grasa: 95
Grasa Total: 10.6g
    Grasas Saturadas: 7.9g
Colesterol: 3mg
Sodio: 41mg
Potasio: 254mg
Carbohidratos Totales: 27g
    Azúcar: 1.7g
Proteínas: 4.9g

29. Magdalenas de Fresa

Tiempo de preparación: 5 minutos
Tiempo de cocción: 25-30 minutos
Porciones: 6

1. Ingredientes:

100g avena
50g harina de arroz blanco
15g almidón de maíz
50g edulcorante (miel/azúcar moreno)
½ cucharadita de vainilla (3g)
1 huevo
100g puré de manzana
100ml leche de coco
1 cucharada de esencia de fresa (15g)
80g mermelada de fresa

2. Preparación:

Mezcla la harina de avena con la harina de arroz, almidón de maíz, edulcorante (miel/azúcar moreno) y vainilla.

Añade el huevo, leche de coco, esencia de fresa y puré de manzana y mezcla por 2-3 minutos.

Divide la mezcla en partes iguales en los moldes de magdalenas, añade 1 cucharada de mermelada de fresa en cada molde, mezclándolo de modo que la mermelada quede incorporada.

Cocina las magdalenas por 25-30minutos en un horno precalentado a 180 grados Celsius.

3. Datos Nutricionales (cantidad por 100g):

Contiene Vitamina A, C, calcio, hierro.
Calorías: 195
 Calorías derivadas de la grasa: 65
Grasa Total: 7.2g
 Grasas Saturadas: 4.8g
Colesterol: 33mg
Sodio: 21mg
Potasio: 146mg
Carbohidratos Totales: 40.1g
 Azúcar: 4.4g
Proteínas: 5g

30. Bolas de Proteínas

Tiempo de preparación: 10 minutos
Tiempo de espera: 4 horas
Porciones: 30

1. Ingredientes:

400g garbanzos

60g harina de coco

30g whey protein

100g edulcorante (miel/azúcar moreno)

50ml leche de coco

2. Preparación:

Colocar los garbanzos en una licuadora y mezclar hasta obtener una mezcla pastosa.

Colocar la mezcla en un bol y añadir el resto de los ingredientes. Mezclar todo hasta suavizar. Formar una bola grande, cubrir con papel de alimentos y refrigerar por 4 horas.

Con una cucharadita tomamos la mezcla y formamos bolas pequeñas.

3. Datos Nutricionales (cantidad por 20g):

Contiene Vitamina C, calcio, hierro.
Calorías: 65

Calorías derivadas de la grasa: 13
Grasa Total: 1.5
　Grasas Saturadas: 0.6g
Colesterol: 2mg
Sodio: 5mg
Potasio: 127mg
Carbohidratos Totales: 13.6g
　Azúcar: 1.5g
Proteínas: 3.6g

31. Raffaello

Tiempo de preparación: 15 minutos
Tiempo de espera: 8 horas
Porciones: 30

1. Ingredientes:

200g queso cottage

200g yogurt griego

20g cáscara de psyllium

50g whey protein

100g leche en polvo

100g edulcorante (miel/azúcar moreno)

20g avena

1 cucharada de esencia de coco (15g)

30 almendras

100g hojuelas de coco

2. Preparación:

En un sartén fríe las almendras hasta que la piel se despegue.

Mezclar 50g de hojuelas de coco con el queso cottage, whey protein, yogurt griego, leche en polvo, edulcorante (miel/azúcar moreno), cáscara de psyllium y esencia de coco. Cubrir el bol con aluminio y refrigerar por al menos 6 horas o durante toda la noche.

Con una cucharadita tomamos un poco de mezcla y colocamos en el medio una almendra, así formamos 30 bolas pequeñas que luego pasaremos con lo que resta de las hojuelas de coco.

3. *Datos Nucionales (cantidad por 25g):*

Contiene calcio, hierro.
Calorías: 50
   Calorías derivadas de la grasa: 24
Grasa Total: 2.6g
   Grasas Saturadas: 1.1g
Colesterol: 4mg
Sodio: 38mg
Potasio: 76mg
Carbohidratos Totales: 6.7g
   Azúcar: 0.5g
Proteínas: 3.4g

32. Galleta Digestiva

Tiempo de preparación: 10 minutos
Tiempo de cocción: 15 minutos

1. Ingredientes:

220g avena
80g mantequilla de maní
2 claras de huevo
100ml leche
1 cucharada de edulcorante (miel/azúcar moreno) (15g)
6g almendras

2. Preparación:

Colocar la avena en una licuadora y mezclar.

Añadir luego la mantequilla de maní, claras de huevo, leche, edulcorante (miel/azúcar moreno) y mezclar bien.

Con una cucharada tomar mezcla y formar bolas, colocar en una bandeja, repetir el proceso hasta agotar la mezcla.

Tomar la mitad una almendra y colócala en la mitad de la galleta.

Cocinar las galletas por 15 minutos en un horno precalentado a 180 grados Celsius.

3. Datos Nutricionales (cantidad por 100g):

Contiene calcio, hierro.
Calorías: 285
    Calorías derivadas de la grasa: 108
Grasa Total: 12g
    Grasas Saturadas: 2.5g
Colesterol: 2mg
Sodio: 99mg
Potasio: 305mg
Carbohidratos Totales: 37.8g
    Azúcar: 3g
Proteínas: 12.2g

33. Barras de Almendra, Caqui y Pasas

Tiempo de preparación: 15 minutos
Tiempo de espera: 1 día
Porciones: 10

1. Ingredientes:

200g caquis

50g nueces

50g pasas

50g almendras

100g harina de coco

50g avena

20g cáscara de psyllium

200ml leche

50g edulcorante (miel/azúcar moreno)

2. Preparación:

Colocar el caqui en un bol con 300ml de leche (tibia) y dejar rehidratar por 4horas.

Luego de 4 horas retirar el caqui y presionarlos con una toalla para retirar la leche de ellos. Colócalos en una licuadora y mezcla con las nueces y pasas. Mezclar hasta convertir en una masa gruesa.

Mezclar en un bol la harina de coco con harina de avena y cáscara de psyllium, añadir la leche de los caquis y mezclar, añadir el edulcorante (miel/azúcar moreno), y mezclar de nuevo.

Colocar la mezcla en una bandeja cuadrada y cubrir con papel de alimentos. Colocar en el refrigerador y dejar durante la noche.

Cortar la composición al día siguiente.

3. *Datos Nutricionales (cantidad por 100g):*
Contiene Vitamina C, calcio, hierro.
Calorías: 219
  Calorías derivadas de la grasa: 79
Grasa Total: 8.7g
  Grasas Saturadas: 1.9g
Colesterol: 2mg
Sodio: 61mg
Potasio: 245mg
Carbohidratos Totales: 40.3g
  Azúcar: 5.5g
Proteínas: 6.2g

34. Barras de Avena y Merey

Tiempo de preparación: 5 minutos
Tiempo de espera: 8 horas
Porciones: 14

1. Ingredientes:

150g caquis
200ml leche (tibia)
200g avena
100g merey
30g edulcorante (miel/azúcar moreno)
1 cucharadita de esencia de vainilla (5g)

2. Preparación:

Colocar los caquis en 200ml de leche y dejar durante 8 horas. Luego de 8 horas colócalos en la licuadora y mezcla hasta suavizar.

Coloca la mezcla en un bol y añade el edulcorante (miel/azúcar moreno) y mezcla. Añade el merey y avena, mezcla hasta suavizar.

Coloca la mezcla en una bandeja, cubre con papel de alimentos y refrigera por 8 horas o durante la noche. Luego de que enfríe córtalo en piezas.

3. Datos Nutricionales (cantidad por 50g):

Contiene Vitamina A, C, calcio, hierro.
Calorías: 49
Calorías derivadas de la grasa: 41
Grasa Total: 4.6g
Grasas Saturadas: 1g
Colesterol: 1mg
Sodio: 9mg
Potasio: 134mg
Carbohidratos Totales: 18.9g
Azúcar: 1.2g
Proteínas: 3.5g

35. Torta con Sabor a Limón

Tiempo de preparación: 45 minutos
Tiempo de cocción: 15 minutos
Porciones: 14

1. Ingredientes:

- Masa

150g harina de avena

50g harina de arroz

20g almidón

1 cucharadita de polvo de vainilla

1 cucharadita de esencia de limón

1 huevo

2 claras de huevos

120g puré de manzana

100ml leche de coco

50g edulcorante (miel/azúcar moreno)

- Crema

300g queso quark

200g queso cottage

70g edulcorante (miel/azúcar moreno)

20g cáscara de psyllium

- Sirope

150ml agua

10g edulcorante (miel/azúcar moreno)

2. Preparación:

A. Masa

Mezclar en un bol la harina de avena, harina de arroz, almidón, polvo de vainilla y edulcorante (miel/azúcar moreno).

En un bol pequeño mezclar todos los ingredientes y añadirlos a la harina.

Coloca toda la mezcla en una bandeja grande y coloca en el horno precalentado a 180 grados Celsius por 15-20minutos.

Deja enfriar y luego corta en 3 partes iguales.

B. Crema

Mezcla el queso quark con el queso cottage añade progresivamente la cáscara de psyllium y mezcla por otros 3 minutos, aumentando la velocidad.

C. Sirope

Combina el agua con el edulcorante (miel/azúcar moreno), mezcla hasta disolver.

D. Ensamblaje

Coloca una masa y añade sirope sobre ella, luego añade 1/3 de la crema. Nivela la crema y luego añade otra parte de la masa la cual pasará por el mismo proceso de la primera. Para la última parte añade crema en los lados.

Coloca la torta en el refrigerador por 8 horas o durante toda la noche.

3. *Datos Nutricionales (cantidad por 100g):*

Contiene Vitamina A, C, calcio, hierro.
Calorías: 147
   Calorías derivadas de la grasa: 53
Grasa Total: 5.9g
   Grasas Saturadas: 3.4g
Colesterol: 20mg
Sodio: 111mg
Potasio: 92mg
Carbohidratos Totales: 28.8g
   Azúcar: 2.2g
Proteínas: 7.2g

36. Postre de Manzana

Tiempo de preparación: 10 minutos
Tiempo de cocción: 35-40 minutos
Porciones: 9

1. Ingredientes:

- Masa

80g Harina de Avena
120g Harina de arroz negro
15g almidón de maíz
7g polvo de hornear
70g edulcorante (miel/azúcar moreno)
220g puré de manzana
150ml leche de coco
2 claras de huevo
1 cucharadita de canela (5g)

- Cubierta

400g manzana
200ml agua
50ml leche
50g edulcorante (miel/azúcar moreno)
4 hojas de gelatina
½ cucharadita de canela (2.5g)

2. Preparación:

A. Masa

Mezcla la harina de avena con la harina de maíz, almidón, polvo de hornear, edulcorante (miel/azúcar moreno) y canela. Agrega el puré de manzana, leche de coco, claras de huevo y mezcla por 3-4minutos.

Coloca la mezcla en una bandeja y cocina por 35-40minutos en un horno precalentado a 180 grados Celsius.

B. Cubierta

Coloca las hojas de gelatina en agua fría.

En un sartén coloca la manzana picada con agua, leche, edulcorante (miel/azúcar moreno) y canela, hierve por 15minutes a fuego lento.

Añade las hojas de gelatina y mezcla hasta disolver. Espera a que enfríe.

Vierte la cubierta en la masa y refrigérala por 6 horas en la nevera o 1 hora en el congelador.

3. *Datos Nutricionales (cantidad por 100g):*
Contiene Vitamina C, calcio, hierro.
Calorías: 120
Calorías derivadas de la grasa: 29
Grasa Total: 3.2g
Grasas Saturadas: 2.5g
Colesterol: 0mg
Sodio: 15mg

Potasio: 148mg
Carbohidratos Totales: 28.9g
    Azúcar: 5.2g
Proteínas: 4.7g

37. Galletas de Coco

Tiempo de preparación: 5 minutos
Tiempo de cocción: 15-20 minutos

1. Ingredientes:

100g harina de coco
50g harina de arroz negro
15g harina (blanca)
30g whey protein
7g polvo de hornear
70g edulcorante (miel/azúcar moreno)
15ml aceite de coco
250ml leche de coco
2 claras de huevo
1 cucharadita de esencia de coco (5g)
1 cucharadita de esencia de mantequilla (5g)

2. Preparación:

Mezcla la harina de coco con la harina de maíz y la harina corriente. Añade la whey protein, polvo de hornear y edulcorante (miel/azúcar moreno).

Derrite el aceite de coco y añade a la mezcla. Mezcla bien.

Añade la leche de coco, clara de huevos y esencia, mezcla hasta obtener una masa.

Enrolla la masa en una superficie limpia y haz formas redondas sobre ella con un vaso.

Coloca las formas redondas en una bandeja (con una hoja para hornear) y lleva al horno precalentado a 180 grados Celsius por 15-20minutos.

3. Datos Nutricionales (cantidad por 100g):
Contiene Vitamina C, calcio, hierro.
Calorías: 255
   Calorías derivadas de la grasa: 131
Grasa Total: 14.6g
   Grasas Saturadas: 12.3g
Colesterol: 10mg
Sodio: 27mg
Potasio: 285mg
   Carbohidratos Totales: 37.6g
   Azúcar: 1.7g
Proteínas: 8.8g

38. Galletas de Chocolate Oscuro

Tiempo de preparación: 5 minutos
Tiempo de cocción: 15 minutos
Porciones: 20

1. Ingredientes:

60g harina de arroz negro

60g harina de avena

50g whey protein

50g edulcorante (miel/azúcar moreno)

15g almidón de maíz

10g polvo de hornear

1 cucharadita de vainilla

1 huevo

1 clara de huevo

50ml leche de coco

½ cucharada de esencia de chocolate (7g)

40g chocolate oscuro

2. Preparación:

Mezclar la harina de avena con la harina de arroz, whey protein, almidón, polvo de hornear, vainilla y edulcorante (miel/azúcar moreno).

Añade huevo, clara de huevo, leche de coco, esencia de chocolate y mezclar hasta suavizar.

Cortar el chocolate en partes pequeñas. Añadir a la mezcla.

Con la ayuda de una cucharadita toma masa y colócala sobre la bandeja para hornear.

Hornea las galletas en el horno precalentado a 180 grados Celsius por 15minutos.

3. ***Datos Nutricionales (cantidad por 20g):***
   Contiene Calcio, hierro.
Calorías: 57
   Calorías derivadas de la grasa: 16
Grasa Total: 1.8g
   Grasas Saturadas: 1.2g
Colesterol: 14mg
Sodio: 12mg
Potasio: 98mg
Carbohidratos Totales: 10.1g
   Azúcar: 1.2g
Proteínas: 3.1g

39. Torta de Chocolate y Hojuelas de Coco

Tiempo de preparación: 5 minutos
Tiempo de espera: 60 minutos

1. Ingredientes:

300g leche en polvo

14g cacao en polvo

200ml leche

30g edulcorante (miel/azúcar moreno)

10g hojuelas de coco

1 cucharadita de esencia de coco (5g)

2. Preparación:

En un bol combina la leche en polvo, coco y mezclar hasta unir.

En 200ml de leche añadir el edulcorante (miel/azúcar moreno) y esencia de coco. La leche debe estar tibia.

Añade la leche líquida a la leche en polvo y mezcla hasta suavizar.

En un molde de silicón coloca las hojuelas de coco y luego agrega encima la mezcla. Pon el molde en el congelador por 1 hora.

3. Datos Nutricionales (cantidad por 100g):
   Contiene Vitamina A, calcio, hierro.

Calorías: 280
   Calorías derivadas de la grasa: 141
Grasa Total: 15.6g
   Grasas Saturadas: 1.1g
Colesterol: 3mg
Sodio: 167mg
Potasio: 679mg
Carbohidratos Totales: 29.4g
   Azúcar: 1.7g
Proteínas: 12.5g

40. Bolas de Chocolate

Tiempo de preparación: 10 minutos
Tiempo de cocción: 30 minutos
Porciones: 15

1. Ingredientes:

50g mantequilla de cacao

50g edulcorante (miel/azúcar moreno)

50g whey protein (chocolate)

18g cacao en polvo

30g leche en polvo

Pizca de sal

2. Preparación:

Derrite la mantequilla. Añade el edulcorante (miel/azúcar moreno), whey protein, cacao, leche en polvo y mezcla hasta suavizar.

Vierte la mezcla en forma de praliné, y lleva al congelador por 30 minutos.

3. Datos Nutricionales (cantidad por 10g):
　　Contiene Vitamina A, calcio, hierro.
Calorías: 61
　　Calorías derivadas de la grasa: 43
Grasa Total: 4.7g
Colesterol: 7mg
Sodio: 24mg

Potasio: 73mg
Carbohidratos Totales: 5.8g
Proteínas: 3g

41. Cheesecake de Mango

Tiempo de Preparación: 1 hora
Tiempo de espera: 4-5 horas
Porciones: 10

1. Ingredientes:

200g mango (2 frutas)

3 cucharadas de jugo de limón

800g queso cottage

200g crema agria

100g azúcar en polvo

1 cucharadita de esencia de vainilla (15g)

150g mantequilla

200g galletas digestivas

15g gelatina

100g nueces mezcladas

2. Preparación:

Mezclar los mangos con el jugo de limón. La mezcla (puré de mango) debe ser pasada por un colador.

Derretir la mantequilla y añadir las galletas trituradas, mezcla hasta obtener una masa y colócala en una bandeja.

En dos boles pequeños remoja la gelatina (10 gramos en el primero y 5g en el segundo). Añade agua en cada bol.

Mezclar la crema agria hasta convertirla en crema batida.

El queso cottage se debe mezclar por 1-2 minutos, hasta que se convierta en crema.

Dividir el puré de mango en dos boles, en uno de ellos agregar 10g de gelatina y mezclar hasta disolver.

Añadir 3 cucharadas de queso cottage en el bol con el mango y la gelatina. Mezclar bien, luego agregar el queso crema, crema batida y azúcar, hasta obtener una consistencia suave.

Verter la composición en la masa y colocar en el congelador.

Luego de que el queso crema se ha endurecido (luego de 15-20 minutos en el congelador) mezclar el resto del puré de mango con la gelatina restante y añadir en la superficie. Lleva la torta al refrigerador por 2 horas.

Para decorarla usa las nueces, hojas de menta, sirope de chocolate o caramelo.

3. *Datos Nutricionales (cantidad por 100g):*

Contiene Vitamina A, C, calcio, hierro
Calorías: 245
    Calorías derivadas de la grasa: 143
Grasa Total: 15.9g
    Grasa Saturada: 7.2g
Colesterol: 29mg
Sodio: 312mg

Potasio: 90mg
Carbohidratos Totales: 17.3g
   Azúcar: 10.4g
Proteínas: 9g

42. Brownie

Tiempo de Preparación: 10 minutos
Tiempo de cocción: 1 hora
Porciones: 10

1. Ingredientes:
- Masa

210g harina
60g cacao en polvo
250g mantequilla
3 huevos
330ml cerveza negra
125g azúcar blanco
200g azúcar moreno
Pizca de sal
2 cucharaditas de esencia de vainilla (10g)
1 cucharadita de canela (5g)
100g chocolate oscuro
20g almendras
50g pasas

- Cubierta

300ml crema agria
50g azúcar moreno
1 cucharadita de esencia de vainilla

2. Preparación:

Calienta el horno a 180 grados Celsius. La bandeja que usarás debes engrasarla con mantequilla y luego rociarla con harina.

En un bol con harina, cacao, polvo para hornear, canela y sal. Mezcla hasta combinar.

Mezcla la mantequilla por 1 minuto. Añade el azúcar y mezcla por 3 minutos. Añade los huevos y esencia de vainilla y mezcla por otro minuto.

Añade harina a la mezcla y la cerveza negra progresivamente. Añade las nueces y chocolate.

Coloca la mezcla en la bandeja engrasada.

Lleva al horno por 45-55 minutos.

3. Datos Nutricionales (cantidad por 100g):

Contiene Vitamina A, calcio, hierro.
Calorías: 322
    Calorías derivadas de la grasa: 158
Grasa Total: 17.6g
    Grasa Saturada: 10.6g
Colesterol: 64mg
Sodio: 115mg
Potasio: 203mg
Carbohidratos Totales: 38.5g
    Azúcar: 25.4g
Proteínas: 4.1g

43. Barras de Frutas

Tiempo de Preparación: 20 minutos
Tiempo de espera: 1 hora
Porciones: 24

1. Ingredientes:

200g avena
50g hojuelas de maíz
4 cucharadas de miel (60g)
50g whey protein
150g azúcar moreno
60g chocolate blanco
100g mantequilla
80g arándanos
10g pasas
20g frambuesa
20g grosellas

2. Preparación:

Derrite la mantequilla con el azúcar moreno, whey protein y miel. Añade el chocolate blanco y mezcla hasta disolver.

Una vez que el chocolate se haya disuelto añadir las hojuelas y las frutas. Mezclar bien.

En una bandeja colocar una hoja para hornear y luego coloca la mezcla y nivélala. Llévala al refrigerador por una hora.

Cuando enfríe corta las barras.

3. Datos Nucionales (cantidad por 35g):

Contiene Vitamina A, C, calcio, hierro
Calorías: 129
    Calorías derivadas de la grasa: 44
Grasa Total: 4.8g
    Grasa Saturada: 2.8g
Colesterol: 14mg
Sodio: 52mg
Potasio: 75mg
Carbohidratos Totales: 19g
    Azúcar: 11.2g
Proteínas: 3g

44. Tarta de Queso y Malvavisco

Tiempo de Preparación: 1 hora
Tiempo de espera: 3 horas

1. *Ingredientes:*

250g galletas digestivas
50g mantequilla
4 yemas
170g azúcar moreno
20g azúcar de vainilla
50g almidón
450ml leche (tibia)
1 cucharada de gelatina (15g)
250g queso cottage
300g damascos secos
4 claras de huevos
100g azúcar

2. *Preparación:*

1. Masa

   Derrite la mantequilla y tritura las galletas. Luego combina los dos y mezcla hasta tener una "masa". Moldea la masa en una bandeja redonda. Coloca en el refrigerador por 30minutos.

2. Crema

   Coloca la gelatina en agua.

Mezcla las yemas con azúcar y azúcar de vainilla. Luego añade el almidón y mezcla hasta suavizar.

Añade la leche tibia a la mezcla. Luego coloca la mezcla en el horno a fuego lento, continúa mezclando hasta espesar. Retira del horno.

Añade de queso cottage y mezcla hasta obtener una crema suave.

Añade la gelatina y mezcla hasta disolver.

3. Ensamblado

En la masa coloca los albaricoques. Luego coloca la crema en el tope y colócala en el refrigerador inmediatamente.

Mezclar las claras de huevo hasta obtener espuma y luego añade el azúcar hasta espesar la espuma. Con una cuchara coloca la espuma a la torta.

La torta debe refrigerarse por 3 horas.

3. Datos Nutricionales (cantidad por 100g):
Contiene Vitamina A, C, calcio, hierro
Calorías: 208
    Calorías derivadas de la grasa: 67
Grasa Total: 7.4g
    Grasa Saturada: 2.9g
Colesterol: 59mg
Sodio: 166mg

Potasio: 111mg
Carbohidratos Totales: 30.5g
    Azúcar: 22.1g
Proteínas: 5.9g

45. Galleta de Banana

Tiempo de Preparación: 15 minutos
Tiempo de cocción: 10 minutos
Porciones: 60-70

1. Ingredientes:

2 bananas
2 cucharadas de jugo de limón (30g)
50g claras de huevos (de 2-3 huevos)
200g azúcar moreno
70g whey protein
1 cucharadita de esencia de vainilla (5g)
10g polvo de hornear
200g harina de avena
Pizca de sal
120ml aceite
100g banana deshidratada

2. Preparación:

Tritura las bananas, añade el juego del limón y mezcla. Luego coloca las claras de huevo, whey protein y azúcar moreno.

Mezcla a velocidad media por 3-4 minutos y obtendrás espuma. Luego añade la esencia de vainilla y aceite y continúa mezclando.

Por ultimo añade la harina y el polvo de hornear y mezcla hasta suavizar.

Precalienta el horno a 180 grados Celsius.

Con una cucharadita forma discos de 5cm de ancho en la bandeja. En cada disco coloca bananas deshidratadas.

Cocina por 8-10 minutes.

3. Datos Nutricionales (cantidad por 15g):
Contiene Vitamina A, C, calcio, hierro
Calorías: 49
    Calorías derivadas de la grasa: 17
Grasa Total: 1.9g
Colesterol: 2mg
Sodio: 7mg
Potasio: 69mg
Carbohidratos Totales: 7.1g
    Azúcar: 3.9g
Proteínas: 1.3g

46. Panquecas de Frutas de Bosque

Tiempo de Preparación: 10 minutos
Tiempo de cocción: 15 minutos
Porciones: 3

1. Ingredientes:

250g harina de avena
2 cucharadas de azúcar moreno (30g)
200ml leche
2 cucharadas de mantequilla (30g)
5g polvo de hornear
2 huevos
Pizca de sal
1 cucharadita de esencia de vainilla (5g)
150g frutas (frambuesas, moras, grosellas)
Miel y sirope de maple para la cubierta

2. Preparación:

En un bol añade la harina, azúcar y polvo de hornear.

Mezcla las clara de los huevos con la sal hasta formar una espuma espesa.

Añade las yemas mezcladas con leche al bol con esencia de vainilla, mantequilla (derretida) y claras de huevos.

Mezcla bien la composición, debe quedar una masa semi-dura (no espumosa).

Añade las frutas, mezcla y luego fríelos en un sartén engrasado con mantequilla. Cuando la superficie burbujee voltea la panqueca al otro lado y fríe por otro minuto.

Para la cubierta añade el sirope de maple o miel.

3. Datos Nutricionales (cantidad por 100g):

Contiene Vitamina A, C, calcio, hierro
Calorías: 230
    Calorías derivadas de la grasa: 69
Grasa Total: 7.7g
    Grasa Saturada: 3.4g
Colesterol: 58mg
Sodio: 80mg
Potasio: 270mg
Carbohidratos Totales: 32.4g
    Azúcar: 5g
Proteínas: 7.7g

47. Panquecas de Chocolate con Proteínas

Tiempo de Preparación: 5 minutos
Tiempo de cocción: 10 minutos
Porciones: 1

1. Ingredientes:

30g avena

2 claras de huevo

20g whey protein

2 cucharaditas de cacao en polvo (30g)

2. Preparación:

Mezcla todos los ingredientes en un bol.

En un sartén añade mantequilla y luego añade la mezcla.

Cocina de ambos lados.

3. Datos Nutricionales (cantidad por 100g):
Contiene calcio, hierro
Calorías: 233
    Calorías derivadas de la grasa: 34
Grasa Total: 3.7g
    Grasa Saturada: 1.2g
Colesterol: 42mg
Sodio: 105mg
Potasio: 420mg
Carbohidratos Totales: 25.1g
    Azúcar: 1.4g
Proteínas: 26.1g

48. Crema de malvavisco de Fresa
Tiempo de Preparación: 40 minutos
Tiempo de cocción: 10 minutos

1. Ingredientes:
400g fresas
350g azúcar moreno
150g claras de huevos (5 huevos)
70g whey protein
Pizca de sal
375g mantequilla (temperatura ambiente)
20ml juego de limón
1 cucharada de esencia de vainilla (15g)

2. Preparación:

Corta las fresas y colócalas en el sartén, cocínalos a fuego medio. Déjalas hasta que suavicen y luego añade 300g de azúcar moreno y mezcla en la licuadora. Disminuye el calor y déjalas en el horno.

Mezcla las claras de los huevos con la sal, hasta que formen una espuma leve, luego añade el azúcar restante y whey protein y mezcla hasta que la espuma espese.

Coloca las fresas en la espuma y sigue mezclando. Mezcla hasta que la composición empiece a enfriar.

Luego de que alcance una temperatura ambiente añade la mantequilla, poco a poco y luego sigue mezclando. Al final añade la esencia de vainilla. Y mezcla durante otros segundos.

Si sientes que la crema se corta coloca el bol en el refrigerador por 15-20minutos y luego mezcla a alta velocidad.

3. Datos Nutricionales (cantidad por 100g):
Contiene Vitamina A, C, hierro, calcio
Calorías: 349
    Calorías derivadas de la grasa: 215
Grasa Total: 23.8g
    Grasa Saturada: 15g
Colesterol: 73mg
Sodio: 207mg
Potasio: 142mg
Carbohidratos Totales: 29.7g
    Azúcar: 28.1g
Proteínas: 5.6g

49. Panquecas de Fresa

Tiempo de Preparación: 5 minutos
Tiempo de cocción: 10 minutos
Porciones: 8

1. Ingredientes:

2 bananas
100g harina de almendra
50g harina
40g whey protein
3 huevos
½ cucharadita de esencia de vainilla (2.5g)
½ taza de agua mineral (120ml)
100g fresa

2. Preparación:

Mezcla la banana en una licuadora. Añade el resto de los ingredientes y mezcla hasta obtener una composición cremosa.

En un sartén añade mantequilla y empieza a añadir la mezcla.

Mezcla las fresas y añádelas como cubierta en las panquecas.

3. Datos Nutricionales (cantidad por 100g):

Contiene Vitamina A, C, hierro, calcio

Calorías: 117
  Calorías derivadas de la grasa: 35
Grasa Total 3.9g
  Grasa Saturada: 0.8g
Colesterol: 72mg
Sodio: 40mg
Potasio: 182mg
Carbohidratos Totales: 14g
  Azúcar: 4.7g
Proteínas: 7.5g

50. Cheesecake con chocolate, cacao y aguacate

Tiempo de Preparación: 20 minutos
Tiempo de espera: 6 horas

1. Ingredientes:
- Masa

200g caquis

100g coco

- Crema

500g mascarpone

Jugo de 1 limón (20ml)

200g chocolate oscuro

2 cucharadas de cacao en polvo (30 g)

100ml leche de coco

2 aguacates

- Mermelada

1 taza de frambuesas (120g)

200ml leche

20g gelatina

- Decoración

Fresas

Hojuelas de Chocolate Blanco

2. Preparación:

A. Masa

Deja hidratar los caquis en agua durante la noche.

Mezcla el coco hasta obtener hojuelas de coco. Luego añade los caquis y mezcla hasta obtener una textura cremosa. Colocar la pasta en una bandeja y refrigerar.

B. Crema

Derrite el chocolate en el microondas o en baño María.

Mezcla el queso mascarpone con la leche de coco y jugo de limón. Añade dos aguacates (mezclados anteriormente) y mezcla hasta suavizar. Añade el chocolate y el cacao en polvo.

Colocar la mezcla sobre la masa y refrigerar.

C. Mermelada

Mezclar las frutas con una licuadora, añadir la leche y la gelatina hasta obtener una consistencia suave.

Viértela sobre la masa del refrigerador.

Para la decoración usa las hojuelas de chocolate y fresas.

3. Datos Nutricionales (cantidad por 100g):
Contiene Vitamina A, C, hierro, calcio
Calorías: 215
    Calorías derivadas de la grasa: 134
Grasa Total: 14.8g
    Grasa Saturada: 8.6g
Colesterol: 18mg

Sodio: 43mg
Potasio: 281mg
Carbohidratos Totales: 16.1g
    Azúcar: 7.3g
Proteínas: 6.3g

51. Pudín de Chocolate y aguacate

Tiempo de Preparación: 5 minutos
Porciones: 2

1. Ingredientes:
1 aguacate
400g leche coco
50g harina de coco
70g cacao en polvo
60g edulcorante (miel/azúcar moreno)
1 cucharadita de esencia de vainilla (5g)
10g frutas del bosque

2. Preparación:

Todos los ingredientes excepto las frutas se colocan en la licuadora durante 5 minutos. Debe resultar en una crema densa.

Colócalo en un recipiente y añade las frutas encima.

3. Datos Nutricionales (cantidad por 100g):
Contiene Vitamina A, C, hierro, calcio
Calorías: 216
    Calorías derivadas de la grasa: 168
Grasa Total: 18.6g
    Grasa Saturada: 12.7g
Colesterol: 0mg
Sodio: 11mg

Potasio: 474mg
Carbohidratos Totales: 23.5g
    Azúcar: 2.5g
Proteínas: 4.1g

52. Brownie de Avena

Tiempo de Preparación: 10 minutos
Tiempo de cocción: 40-45 minutos
Porciones:

1. Ingredientes:

100g pasas

20g cacao en polvo

4 huevos

15g almidón

250g yogurt griego

70g edulcorante (miel/azúcar moreno)

100g avena

50g almendras

1 cucharadita de esencia de vainilla (5g)

2. Preparación:

En un bol mezcla el cacao en polvo, pasas y huevos. Añade el yogurt, edulcorante (miel/azúcar moreno), almidón, polvo para hornear y vainilla.

La avena y almendras se muelen y luego se añaden a la preparación.

Colócalo en una bandeja y cocina por 40-45minutos a 180 grados Celsius.

3. Datos Nutricionales (cantidad por 100g):

Contiene Vitamina A, calcio, hierro
Calorías: 189
    Calorías derivadas de la grasa: 64
Grasa Total 7.2g
    Grasa Saturada: 1.7g
Colesterol: 83mg
Sodio: 44mg
Potasio: 322mg
Carbohidratos Totales: 34.5g
    Azúcar: 9.3g
Proteínas: 9.7g

53. Torta de Yogurt

Tiempo de Preparación: 2-3 horas

1. Ingredientes:
200g galletas digestivas
½ taza de azúcar (120g)
200g yogurt griego
100g leche
1 cucharadita de esencia de vainilla (5g)
10g gelatina
100g ciruelas pasas

2. Preparación:

Mezcla el yogurt con el azúcar, vainilla y ciruelas (córtalas en pedazos pequeños). Añade la gelatina (derretida en agua caliente).

En una bandeja coloca papel de alimentos y encima las galletas digestivas (bañadas en leche) y añade una capa de mezcla de yogurt, luego nuevamente las galletas y por ultimo una capa de yogurt. Cúbrelo con papel de alimentos y refrigera.

Mantener refrigerado hasta que la mezcla endurezca.

3. Datos Nutricionales (cantidad por 100g):
Contiene Vitamina A, calcio, hierro

Calorías: 258
 Calorías derivadas de la grasa: 68
Grasa Total: 7.6g
 Grasa Saturada: 2g
Colesterol: 10mg
Sodio: 159mg
Potasio: 175mg
Carbohidratos Totales: 42.4g
 Azúcar: 28.6g
Proteínas: 6.5g

54. Postre de Banana

Tiempo de Preparación: 10 minutos
Tiempo de Horneado: 30 minutos

1. Ingredientes:
½ taza de harina (120g)
½ taza de azúcar (120g)
½ taza de leche (120g)
30g whey protein
1 cucharada de mantequilla (15g)
2g polvo para hornear
3 bananas
2 huevos

2. Preparación:

Mezcla la mantequilla con el azúcar y luego añade los huevos, whey protein, bananas y leche. Mezcla hasta que la masa suavice y añade la harina y el polvo para hornear.

Coloca la mezcla en una bandeja y llévala al horno a 180 grados Celsius por aproximadamente 30minutos.

3. Datos Nutricionales (cantidad por 100g):
Contiene Vitamina A, C, calcio, hierro
Calorías: 166
　　Calorías derivadas de la grasa: 30
Grasa Total: 3.3g

    Grasa Saturada: 1.6g
Colesterol: 54mg
Sodio: 40mg
Potasio: 237mg
Carbohidratos Totales: 30g
    Azúcar: 18.8g
Proteínas: 5.9g

55. Magdalenas de Yemas

Tiempo de Preparación: 1 día
Porciones: 6

1. Ingredientes:

5 huevos
1 cucharada de mantequilla (15g)
1 cucharada de esencia de vainilla
100g hojuelas de chocolate
100g azúcar
100g pasas

2. Preparación:

Hierve los huevos. Deben endurecer así que debes dejarlos hervir por aproximadamente 10 minutes.

Retira las yemas y tritúralas con un tenedor. Añade la mantequilla, vainilla, hojuelas de chocolate y azúcar.

Mezcla hasta que suavicen y añade la composición al molde de las magdalenas y coloca las pasas en la parte superior.

Llévalas al refrigerador durante la noche.

3. Datos Nutricionales (cantidad por 100g):
Contiene Vitamina A, C, calcio, hierro
Calorías: 296
    Calorías derivadas de la grasa: 70

Grasa Total: 7.8g
  Grasa Saturada: 3.3g
Colesterol: 170mg
Sodio: 165mg
Potasio: 213mg
Carbohidratos Totales: 49.5g
  Azúcar: 36.5g
Proteínas: 8.2g

56. Cheesecake de Galleta

Tiempo de Preparación: 4 horas
Tiempo de Horneado: 10-15 minutos

1. Ingredientes:
200g galletas digestivas
100g mantequilla
1 cucharadita de esencia de vainilla (15g)
400g queso cottage
1 limón
100g azúcar moreno
4 huevos
200g grosellas

2. Preparación:

Para la masa: tritura las galletas en la mantequilla derretida, mezcla. Coloca la mezcla en una bandeja y distribuye en toda la superficie de manera uniforme. Coloca la bandeja en el refrigerador por 3-4 horas.

Para la crema: mezcla el queso con la corteza y jugo de limón, azúcar, vainilla y yemas de los huevos. En otro bol debes mezclar las clara de los huevos, cuando estén formando la espuma la colocas sobre las yemas.

Retira la masa de refrigerador y añade la crema sobre ella y cocina por 10-15minutos a 180 grados Celsius (la crema debe cambiar de color).

Retira del horno y añade las grosellas encima.

3. Datos Nutricionales (cantidad por 100g):

Contiene Vitamina A, C, calcio, hierro
Calorías: 233
    Calorías derivadas de la grasa: 115
Grasa Total: 12.8g
    Grasa Saturada: 5.9g
Colesterol: 79mg
Sodio: 288mg
Potasio: 130mg
Carbohidratos Totales: 22.2g
    Azúcar: 13.8g
Proteínas: 7.8g

57. Suflé de Banana

Tiempo de Preparación: 10 minutos
Tiempo de Horneado: 30 minutos

1. Ingredientes:

3 bananas
50g whey protein
½ limón (el jugo de ½ limón)
3 claras de huevos
Edulcorante (miel/azúcar moreno) al gusto
1 cucharadita de esencia de vainilla (5g)

2. Preparación:

Tritura las bananas y añade el jugo de limón y la esencia de vainilla en un bol.

En un bol aparte añade las claras de los huevos hasta producir espuma y luego añade el edulcorante (miel/azúcar moreno) y la whey protein lentamente.

Combina las 2 mezclas hasta obtener una consistencia suave.

Colócalas en forma y cocínalas en un horno precalentado a 180 grados por 30minutos.

3. Datos Nutricionales (cantidad por 100g):

Contiene Vitamina A, C, calcio, hierro
Calorías: 114
   Calorías derivadas de la grasa: 8
Grasa Total: 0.9g
Colesterol: 21mg
Sodio: 39mg
Potasio: 344mg
   Carbohidratos Totales: 27g
   Azúcar: 9.2g
Proteínas: 10.1g

58. Galletas de Nueces

Tiempo de Preparación: 5 minutos
Tiempo de Horneado: 15 minutos
Porciones: 12

1. Ingredientes:
85g nueces
1 huevo
50g whey protein
1 cucharada de esencia de vainilla
1 cucharada de esencia de almendra
20-30g edulcorante (miel/azúcar moreno)

2. Preparación:

Muele las nueces y mézclala con los huevos, protein, esencia y edulcorante (miel/azúcar moreno). Añade la mezcla en un molde de magdalenas y llévalos al horno precalentado a 180 grados Celsius por 15minutes.

3. Datos Nutricionales (cantidad por 20g):
Contiene Vitamina A, C, calcio, hierro
Calorías: 69
    Calorías derivadas de la grasa: 38
Grasa Total: 4.2g
    Grasa Saturada: 0.7g
Colesterol: 22mg
Sodio: 60mg
Potasio: 73mg

Carbohidratos Totales: 5.4g
Azúcar: 0.6g
Proteínas: 4.7g

59. Donas de Queso Cottage

Tiempo de Preparación: 1:45 horas
Tiempo de Horneado: 20 minutos
Porciones: 9-10

1. Ingredientes:

250g harina

225g queso cottage

100g leche (tibia)

40g azúcar moreno

15g levadura

1 cucharada de azúcar de vainilla (15g)

Cascara de un limón o una naranja.

2. Preparación:

Mezcla la harina con la levadura y añade el queso cottage, la leche tibia, azúcar, azúcar de vainilla y cáscara. Mezcla hasta obtener una mezcla homogénea.

Deja la masa en un bol plástico cubierta con papel aluminio, en un lugar tibio, por 45minutos.

Luego de 45 minutos enrolla la masa con tus manos en una hoja de aproximadamente 1-1,5 cm de espesor.

Con la ayuda de un vaso haz forma de donas y colócalas en una bandeja.

Déjalas en la bandeja por otros 45minutos y luego colócalas en el horno precalentado a 200 grados Celsius por 20minutos.

Luego de que enfríen polvorearla con el azúcar de vainilla.

3. Datos Nutricionales (cantidad por 50g):
Contiene calcio, hierro
Calorías: 117
    Calorías derivadas de la grasa: 7
Grasa Total: 0.8g
Colesterol: 2mg
Sodio: 82mg
Potasio: 75mg
    Carbohidratos Totales: 21.7g
    Azúcar: 4.7g
Proteínas: 5.5g

60. Postre de Peras y nueces

Tiempo de Preparación: 15 minutos
Tiempo de Horneado: 40 minutos

1. Ingredientes:

280g harina

75g hojuelas de coco

150g azúcar moreno

100ml aceite de girasol

250ml leche tibia

300g peras

60g nueces mezcladas

1 cucharada de polvo para hornear (15g)

1-2 cucharaditas de canela (5-10g)

Pizca de sal

2. Preparación:

Mezclar en un bol el azúcar con aceite y leche, añade la harina y el polvo de hornear, sal y por ultimo las hojuelas de coco.

Mezcla la composición hasta que suavice y luego añade las nueces mezcladas (trituradas), canela y peras (cortada en cuadrados).

Engrasa una bandeja redonda (o cuadrada) con mantequilla y añade una capa de harina sobre ella y luego la masa.

Precalienta el horno a 180 grados Celsius y deja cocinar por 40-45minutes.

3. *Datos Nutricionales (cantidad por 100g):*
Contiene Vitamina A, C, hierro, calcio
Calorías: 283
   Calorías derivadas de la grasa: 123
Grasa Total: 13.6g
   Grasa Saturada: 3.3g
Colesterol: 2mg
Sodio: 47mg
Potasio: 232mg
   Carbohidratos Totales: 37.5g
   Azúcar: 16.2g
Proteínas: 4.3g

OTROS GRANDES TITULOS POR ESTE AUTOR

www.ingramcontent.com/pod-product-compliance
Lightning Source LLC
Chambersburg PA
CBHW071736080526
44588CB00013B/2057